Für alle mit Fell – und für die ohne!
H. L. G.

Deutsche Erstausgabe
1. Auflage 2023

© 2023 für die deutsche Fassung
von Hacht Verlag GmbH, Hamburg
Alle Rechte vorbehalten
Verlegerin: Rebecca Weitendorf von Hacht
Aus dem Französischen von Julia Süßbrich
Lektorat: Natalie Tornai
Die Originalausgabe erschien 2022 unter dem Titel *Poil de mammouth*
bei Éditions Flammarion, Paris © 2022
Text und Illustrationen von Hervé Le Goff
Gesetzt in der Apollo MT Std

Druck und Bindung: Livonia Print, Riga, Lettland

ISBN 978-3-96826-038-9
www.w1-vonhacht.de

www.instagram.com/vonhacht_verlag

Momo Mammut

Hervé Le Goff

Aus dem Französischen von Julia Süßbrich

Momo ist ein seltsames kleines Mammut. Solange Dickhäuter zurückdenken können, hat man so etwas noch nicht gesehen. Wie alle Mammuts haben Momos Eltern überall wolliges Fell, sogar zwischen ihren dicken, breiten Zehen. Und Momo? Der nicht! Seine Haut ist so glatt wie der Rücken eines Pottwals!!!

Im hohen Norden, wo seine Herde lebt, ist es kalt – manchmal sogar sehr, sehr, sehr, sehr kalt! Und Momo, ohne ein einziges Haar am Körper, bibbert im Winter immer vor Kälte! Brrr …

Die anderen Mammutkinder machen sich andauernd über ihn lustig:
»Momo-Schneck, Schleimer-Schreck!«
»Momo-Wal, ohne Schal!«
Und dann singen sie im Chor:

»MAMMUT-OHNE-HA-HA-HAAR!
MAMMUT-OHNE-HA-HA-HAAR!!«

In solchen Momenten versteckt sich Momo lieber im Fell seines Papas. »Mach dir keine Sorgen«, beruhigt ihn Papa, »du wirst sehen, eines Tages wächst dein Fell noch wie das Gras in der Tundra!«

Deshalb untersucht Momo jeden Morgen jeden einzelnen Zentimeter seiner Haut.
Aber da wächst nie etwas, da sprießt nicht einmal ein halbes Härchen.

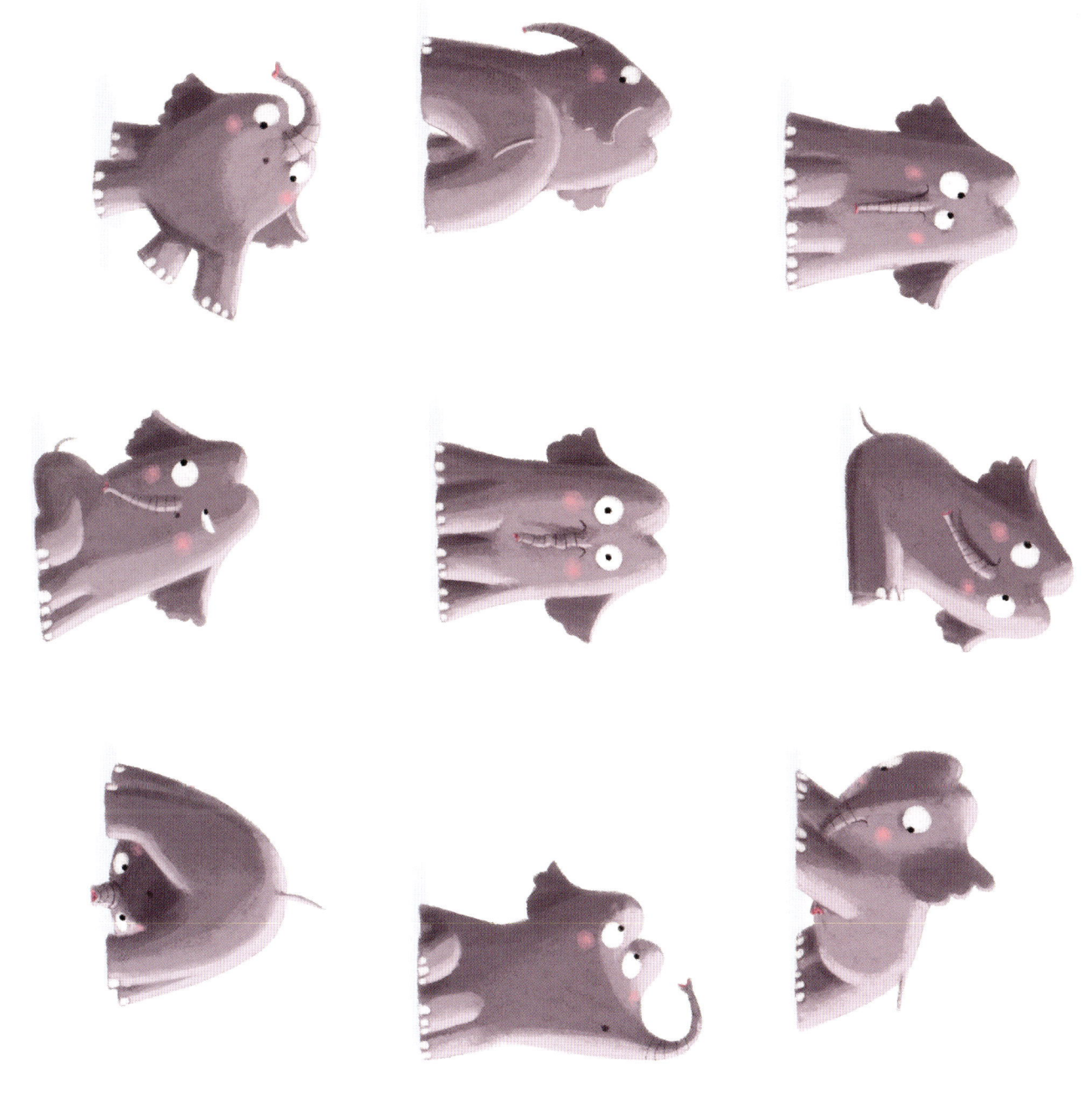

Nach einer Weile ist Momo vollkommen entmutigt.
»Ich will unbedingt auch so ein Fell wie alle anderen haben!
Was mach ich bloß?«
Paleo, ein großes Wollnashorn, das friedlich neben ihm grast,
hört Momos Gejammer und antwortet:

»An deiner Stelle, mein Lieber, würde ich ein paar Tundra-Grasbüschel ausreißen und sie mir auf den Kopf legen. Damit, mein Herzchen, siehst du bestimmt wie ein richtiges Mammut aus!«

Voller Begeisterung setzt Momo den guten Rat fein säuberlich um und rennt zu seiner Herde.

Doch ausgerechnet, als er sich stolz seinen Freunden zeigt, fegt ihm ein heftiger Windstoß die Frisur vom Kopf!

Pleisto, der größte von ihnen, prustet los:
»Ey, Jungs! Guckt mal, wer da kommt,
das ist doch Momo Nackedei!
MOMO-NACKEDEI!
MOMO-NACKEDEI!«

Und die anderen wiederholen es im Chor:
»MOMO-NACKEDEI!«

Gekränkt läuft Momo davon. Unterwegs trifft er eine Rotte Wildschweine, die in einer Schlammkuhle planscht. »Du siehst aber traurig aus, mein Schnuckelchen!«, grunzt eins von ihnen erstaunt. »Ich verrat dir was: Es gibt nichts Besseres als ein wohliges Schlammbad, wenn du mal einen schlechten Tag hast! Na los, spring rein!«

Momo lässt sich tief in den Schlamm sinken und verschnauft ein wenig. Dann steigt er triefend und tropfend wieder heraus. Und das bringt ihn auf eine Idee!
»Wenn ich mich jetzt in der Tundra wälze, hält das Gras bestimmt viel besser!«

Tatsächlich sieht es aus der Entfernung beinahe so aus …

… wie Mammutwolle!

Aber als Momo zu seiner Herde zurückkehrt, wird er ganz und gar nicht nett empfangen. Silex, der Kleinste, lacht ihn schon wieder aus:
»Oh! Was für eine schöne Mammut-Kacke! MAMMUT-KACKE!
MAMMUT-KACKE!«

Und alle rufen im Chor:
MAMMUT-KACKE!«

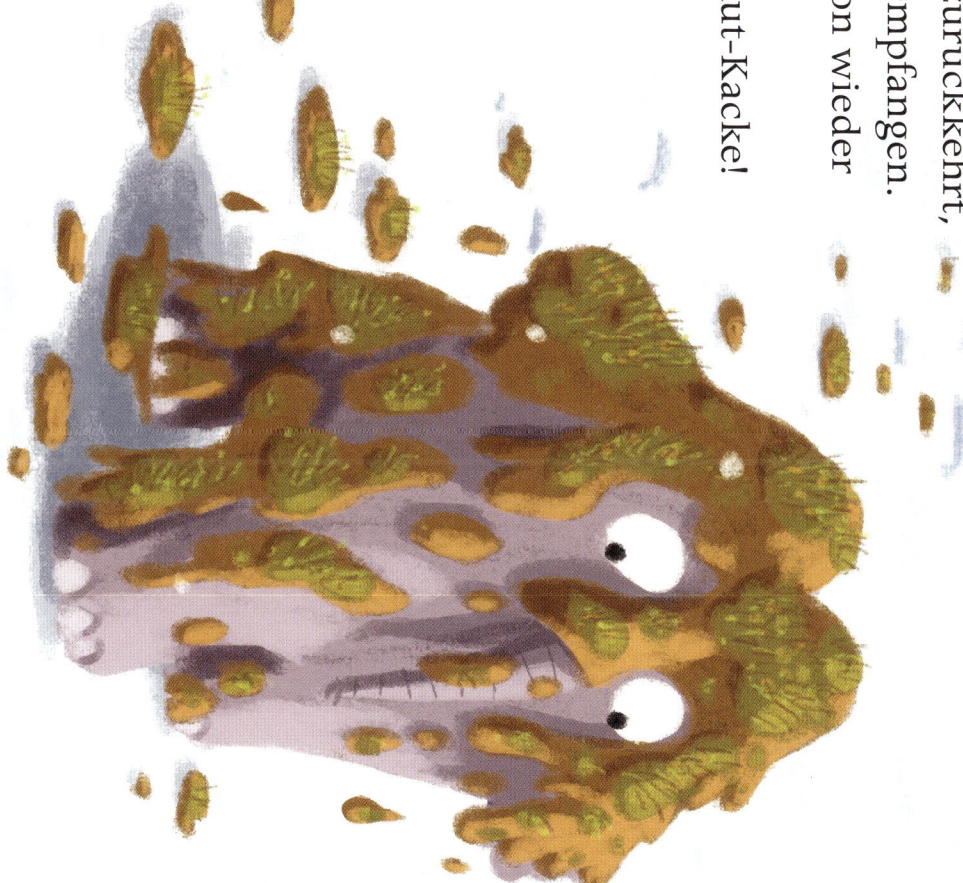

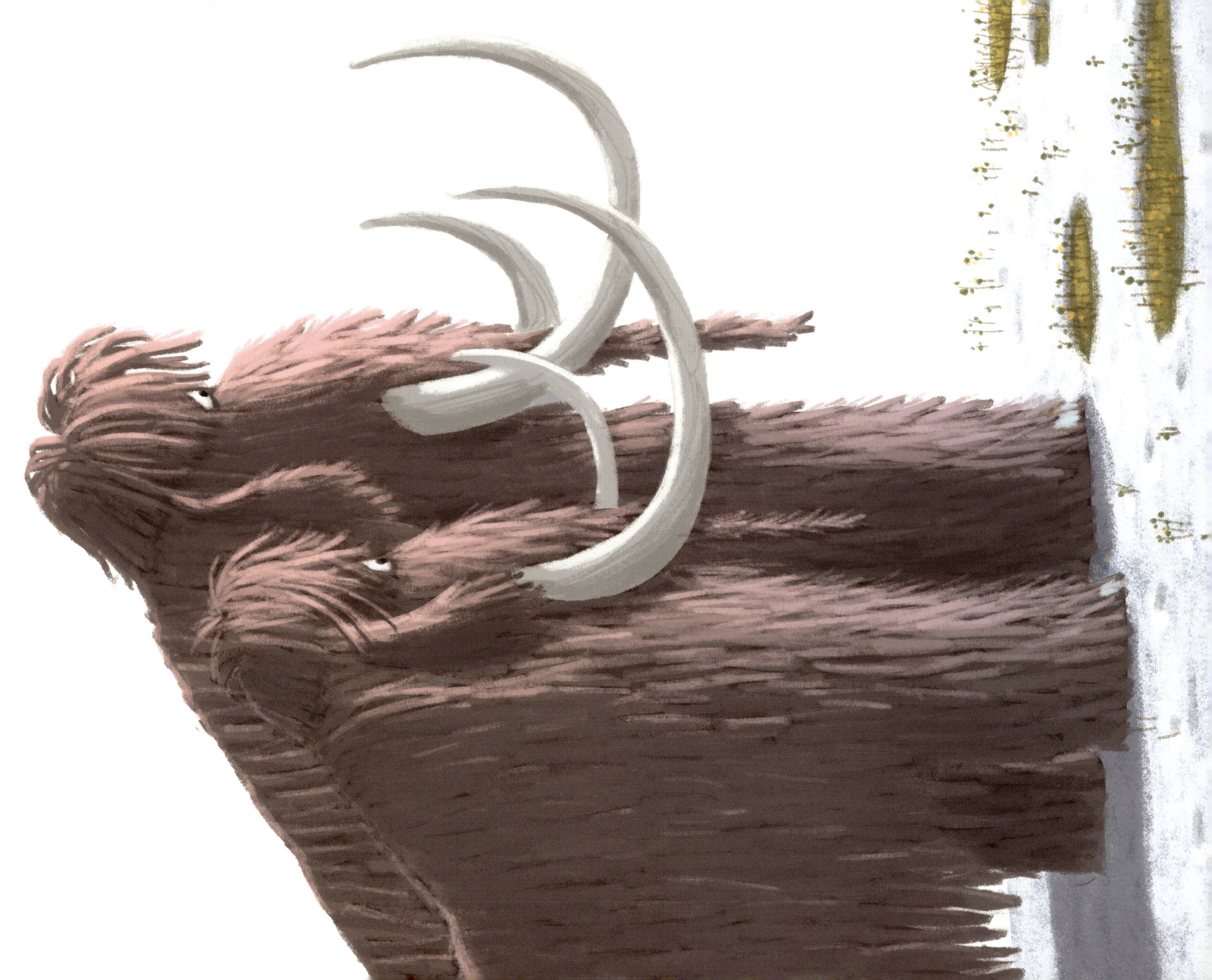

Momo ist verzweifelt und weiß überhaupt nicht mehr weiter …

Seit einiger Zeit friert Momo nicht mehr so sehr.
Im letzten Winter ist weniger Schnee gefallen,
und diesen Sommer hat die Sonne die ganze Steppe
verbrannt.
Den Mammuts tropft der Schweiß aus dem dicken Fell …
Alle suchen einen Ort, an dem sie vor der Sonne Schutz
finden.
Doch außer hinter ein paar großen Steinen gibt es keinen
Schatten in der Tundra.

Momo allerdings hat sich noch nie so wohlgefühlt!
Und alle wären jetzt lieber wie er!

Zur Erfrischung steigen sie zusammen in den Teich der Elche.
Aber sie sind so viele, dass sie sich darin noch enger als Sardinen in einer Dose drängen.
Und deswegen wird ihnen … noch heißer!

Pleisto ruft:
»Das hält doch kein Mammut mehr aus!!!
Wir müssen dieses verflixte dicke Fell loswerden!«

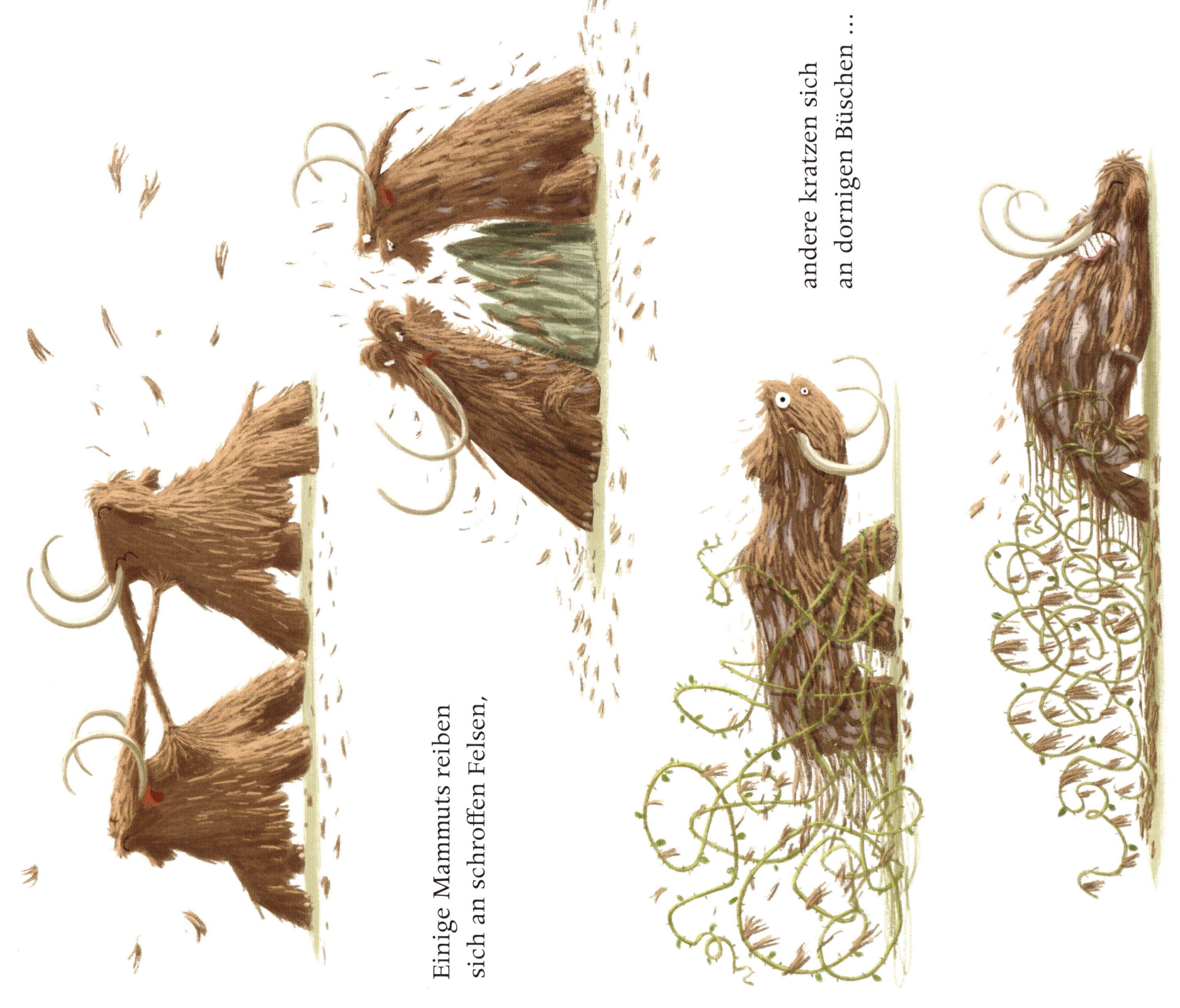

Einen ganzen Monat lang beobachtet Momo unglaubliche Szenen …

Einige Mammuts reiben sich an schroffen Felsen,

andere kratzen sich an dornigen Büschen …

Schon bald ist der Boden bei den Dickhäutern von einem dicken Wollteppich bedeckt, und nach so vielen Purzelbäumen, Reibereien und Herumgefuchtel … hat kein Mammut auch nur ein einziges Härchen mehr am Körper. Wirklich? Kein einziges Härchen???

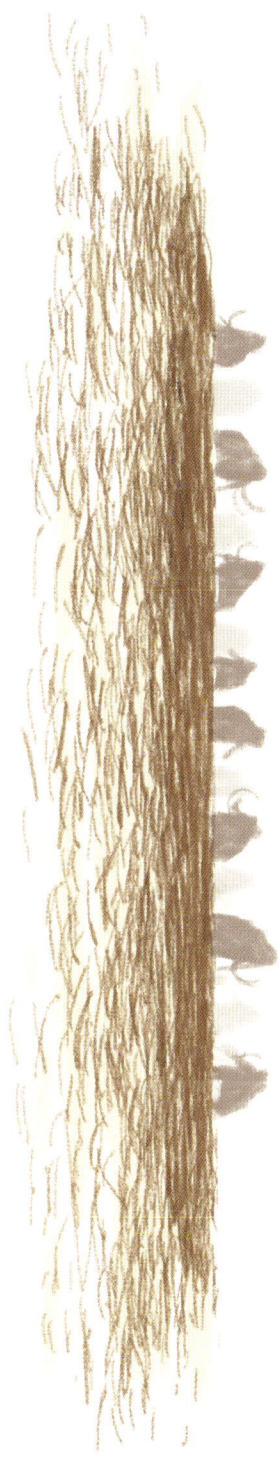

Und Pleisto und Silex? Die rupfen sich gegenseitig das Fell aus!

Die Mammuts lassen einfach nicht locker.

Doch, da! Schaut mal genau hin … daaaa!
Ganz oben auf Momos Kopf!
Es ist richtig schön … es glänzt richtig …
sein allererstes hübsches Mammuthaar!

Stolz fängt Momo zu singen an:
»Das ist mein Mammut-Fee-eeell,
das wächst ganz schnee-eeell!!
Das ist mein Mammut-Fee-eeell,
das wächst ganz schnee-eeell!!«

Und es kommt gerade zur rechten Zeit, denn an diesem Morgen fällt der erste Schnee in großen Flocken …
Der Winter kommt dieses Jahr früh. Er wird rau werden, sehr, sehr rau, im Land der Mammuts …